LETTRE PASTORALE ET MANDEMENT

DE MONSEIGNEUR L'ÉVÊQUE DE LAVAL

AU CLERGÉ ET AUX FIDÈLES DE SON DIOCÈSE

portant publication des

Lettres Apostoliques « Magni faustique eventus »

et d'un Jubilé extraordinaire

accordé par N. S. P. le Pape Pie X pour le seizième Centenaire
de la « Paix de Constantin ».

LAVAL

IMPRIMERIE-LIBRAIRIE DE L'ÉVÊCHÉ

Vᵉ A. GOUPIL

2, Quai Jehan Fouquet (vieux pont), 2

LETTRE PASTORALE ET MANDEMENT

DE MONSEIGNEUR L'ÉVÊQUE DE LAVAL

AU CLERGÉ ET AUX FIDÈLES DE SON DIOCÈSE

Portant publication des Lettres Apostoliques « Magni faustique eventus » et d'un Jubilé extraordinaire accordé par N. S. P. le Pape Pie X pour le seizième Centenaire de la « Paix de Constantin ».

EUGÈNE JACQUES GRELLIER, par la grâce de Dieu et du Saint-Siége Apostolique, Évêque de Laval, au Clergé et aux Fidèles de son Diocèse, Salut et Bénédiction en Notre-Seigneur Jésus-Christ.

NOS TRÈS CHERS FRÈRES,

En ce seizième centenaire de l'événement historique appelé la Paix de Constantin, N. S. Père le Pape Pie X accorde au monde la faveur d'un Jubilé.

C'est ainsi qu'il se montre avec éclat le digne Vicaire de Jésus-Christ ici-bas et l'image ressemblante de notre éternel Modèle.

1

Notre-Seigneur a offert la paix au genre humain et à tous les siècles en leur apportant l'immense indulgence plénière de ses souffrances et de sa mort.

De même, pour célébrer la glorieuse tranquillité rendue à l'Église par Constantin le Grand et pour en renouveler les bienfaits, le Pape publie un vaste Pardon, qui nous est mérité comme les autres grâces par le Sang du Rédempteur.

Jésus-Christ expirant sous les coups des bourreaux et sous le poids de l'iniquité des hommes leur ouvre les trésors de son Cœur, paie leur dette épouvantable à la Justice divine, les purifie du mal, les élève au rang de ses amis et de ses anges.

Le Représentant de cette Victime si miséricordieuse, à l'heure où tant de nations l'abandonnent, où tant de sectes ardentes le persécutent, où tant d'égarés et de pervertis l'accablent d'outrages, quand il est captif et dépouillé de ses droits, Lui, il appelle à la réconciliation et à la joie de la conscience non seulement ses fidèles, mais encore ses ennemis, les hérétiques et les apostats, et jusqu'aux criminels assujettis aux censures de l'Église.

Le Sauveur n'a jamais attaché le salut de sa patrie ni d'aucun peuple à de simples démonstrations extérieures et superficielles. Il a même refusé une royauté trop terrestre lorsqu'elle lui était décernée. Il déclarait ne pas accueillir ceux qui se contentent de crier : Seigneur, Seigneur ! sans accomplir les commandements. Bref, il ordonnait à toutes les âmes de s'unir réellement à Lui et, après avoir sondé leurs plaies profondes, d'en chercher la guérison par les remèdes surnaturels et célestes, les actes de foi, la prière, le recours aux Sacrements.

Tel était le plan du bon Maître. Son Vicaire sur la terre n'en a pas d'autre à faire suivre.

En promulguant le Jubilé pour l'exaltation de la Sainte Église et pour le bonheur des nations, il annonce que voici le temps d'accourir aux sanctuaires privilégiés, de recevoir le sacrement de pénitence, de communier avec ferveur, de se livrer aux effusions du repentir et du divin amour en répandant l'aumône et en multipliant les bonnes œuvres.

Si cet appel est entendu, ne verrons-nous pas luire l'aurore, peut-être même le grand jour d'une magnifique paix rendue au monde chrétien ?

Remercions le bien-aimé Pontife de nous enseigner de si belles leçons et de nous aider si puissamment à revêtir l'esprit de Jésus-Christ (1) comme il en est pénétré lui-même.

Préparons-nous enfin à profiter des grâces abondantes attachées à la Commémoration religieuse d'un fait de premier ordre qui fut la date inaugurale de la véritable civilisation.

A CES CAUSES,

LE SAINT NOM DE DIEU INVOQUÉ, conformément aux prescriptions du Souverain Pontife,

NOUS AVONS ORDONNÉ ET ORDONNONS CE QUI SUIT

ARTICLE I.

Les Lettres apostoliques de Notre Saint-Père le Pape Pie X : *Magni faustique eventus,* promulguant un Jubilé universel à l'occasion du seizième centenaire de la Paix de Constantin, sont et demeurent publiées dans notre diocèse. Elles seront lues au prône, avec notre Lettre pastorale, dans toutes les églises et chapelles. On pourra partager cette lecture entre deux dimanches successifs. Le dispositif sera lu dès le premier dimanche après la réception du document pontifical.

ARTICLE II.

L'ouverture du Jubilé sera annoncée dans chaque paroisse par une sonnerie de toutes les cloches dans la soirée de dimanche prochain. Avant la grand'messe paroissiale ou conventuelle, le *Veni Creator* sera chanté et suivi du verset : *Emitte Spiritum tuum...* et de l'oraison : *Deus qui corda fidelium...* .

ARTICLE III.

Nous demandons à MM. les Curés et Aumôniers de faire donner aux fidèles confiés à leurs soins des instructions et exhortations en rapport

---

(1) *Induite vos ergo sicut electi Dei.* Ad Coloss. III, 12.

avec les exercices du Jubilé. Les prédicateurs expliqueront particulièrement les conditions imposées pour gagner l'indulgence : visite des églises, aumône, confession et communion.

ARTICLE IV.

Nous rappelons à ceux de nos diocésains qui pourront se rendre à Rome dans le temps qui s'écoulera jusqu'à la fête de l'Immaculée Conception, 8 décembre, que les basiliques à visiter sont celles de Saint-Jean de Latran, Saint-Pierre au Vatican, et de Saint-Paul hors les Murs.

L'immense majorité des prêtres et des fidèles est hors d'état d'entreprendre ce voyage. Nous désignons donc, le Saint-Père Nous en accordant la faculté, les églises qui devront être visitées ainsi qu'il suit :

Les fidèles de Laval visiteront deux fois la Cathédrale, l'église de Saint-Vénérand et la basilique Notre-Dame d'Avénières ;

Ceux de Château-Gontier, deux fois l'église de chacune des paroisses de la ville ;

Les fidèles de Mayenne visiteront trois fois la basilique Notre-Dame et l'église Saint-Martin de Mayenne ; ceux de Craon, trois fois les églises Saint-Nicolas et Saint-Clément ; les fidèles de Pontmain, trois fois la basilique et leur église paroissiale.

Dans les lieux où il ne se trouve qu'une église paroissiale, celle-ci sera visitée six fois.

Quant aux Communautés, les personnes soumises à la clôture ou à la demi-clôture visiteront six fois leur chapelle ; les autres personnes domiciliées dans une Communauté mais ayant la faculté de sortir à leur gré visiteront trois fois la chapelle et trois fois l'église paroissiale.

ARTICLE V.

Chacune des visites doit être l'occasion de prières aux intentions du Souverain Pontife selon qu'Il l'ordonne lui-même. Ces prières pourront consister en cinq *Pater* et cinq *Ave*. Remarquons ici que les visites aux églises doivent être distinctes les unes des autres, et ne peuvent se confondre avec l'assistance obligatoire à la messe des dimanches et fêtes de précepte.

Article VI.

Parmi les Œuvres de religion et de charité auxquelles l'aumône de Jubilé peut être destinée, Nous recommandons instamment le Denier du culte et l'Enseignement chrétien. Il n'y en a pas qui soient plus nécessaires à la conservation de la foi et qui subissent en ce moment autant d'attaques.

Article VII.

A leurs pénitents empêchés de satisfaire à quelque condition du Jubilé par l'âge, la maladie, l'infirmité, l'indigence, les exigences du travail, les confesseurs accorderont des commutations, c'est-à-dire, indiqueront quelque œuvre de pénitence, charité ou zèle en échange de la condition qui ne pourrait être remplie. Mais la confession et la prière aux intentions du Saint-Père sont toujours exigées.

Article VIII.

La confession pour le Jubilé pourra être faite dans toutes les églises et chapelles et à tous les prêtres approuvés pour le diocèse.

Les confesseurs pourront absoudre dans le for de la conscience et pour une fois seulement des cas ou censures réservés au Saint-Siège ou à Nous, et commuer les vœux simples, s'il y a raison légitime, ces facultés étant accordées par le Souverain Pontife, mais toutefois avec les exceptions et restrictions exprimées par les Lettres apostoliques. Celles-ci seront lues attentivement.

Les Religieuses, Novices, Sœurs converses auront la liberté de s'adresser à tous prêtres approuvés pour entendre les confessions des Religieuses.

Article IX.

La communion du Jubilé peut être faite dans telle église ou chapelle du diocèse que le communiant voudra choisir, quoiqu'il soit plus édifiant de communier dans sa paroisse et que l'on ait avantage à s'être acquitté d'abord des autres conditions imposées.

Depuis la promulgation du Décret : *Quam singulari,* les enfants aptes à gagner l'indulgence du Jubilé avec dispense de la communion ne sont

plus qu'en nombre infime. Pour ces quelques enfants la communion serait
commuée en d'autres actes de piété.

ARTICLE X.

Nous engageons instamment Nos fidèles diocésains à célébrer avec
dévotion les fêtes où la Paix générale accordée à l'Église sera rappelée à
la mémoire de tous. Nous préparerons Nous-même, à Pontmain, une solennité qui sera présidée par plusieurs de nos vénérables Collègues dans
l'Épiscopat.

Donné à Laval, sous notre seing, le sceau de nos armes et le contre-
seing du Chancelier de notre Évêché, le lundi 31 Mars 1913, fête de
l'Annonciation de la Très Sainte Vierge Marie.

† EUGÈNE JACQUES,

Évêque de Laval.

Par Mandement :

A. LEBRETON,
Vicaire général, Doyen du Chapitre,
Chancelier de l'Évêché.

LITTERAE APOSTOLICAE.

INDICITUR UNIVERSALE IUBILAEUM IN MEMORIAM PACIS A CONSTANTINO MAGNO IMPERATORE ECCLESIAE DATAE. .

PIUS PP. X.

Universis Christifidelibus has Nostras litteras inspecturis salutem et
Apostolicam Benedictionem. — Magni faustique eventus commemoratio,
quo sedecim abhinc saeculis pax tandem Ecclesiae concessa fuit, dum
omnes catholicas gentes summa afficit laetitia, eisque pietatis opera
suadet, Nos movet imprimis ad caelestium munerum thesauros ape-
riendos, ut ex huiusmodi solemnitate lecti uberesque fructus in Domino
percipiantur. Par enim atque item peropportunum videtur, Edictum a
Constantino Magno Imperatore Mediolani promulgatum concelebrare,

quod prope secutum est victoriam contra Maxentium, glorioso Crucis vexillo partam, et saevis in Christianos vexationibus finem faciens, illos in eam libertatem vindicavit, cuius pretium divini Redemptoris et Martyrum sanguis fuit. Tum demum militans Ecclesia primum ex iis triumphis egit, qui qualibet eius aetate omnigenas insectationes perpetuo subsequuntur, atque ex eo die potiora semper in humani generis societatem contulit beneficia. Nam homines superstitioso idolorum cultu paulatim relicto, tum legibus, tum moribus institutisque christianam vitae rationem magis ac magis amplexi sunt, atque ita factum est, ut iustitia simul et caritas in terris florerent. Consentaneum igitur esse ducimus, hac felici occasione, qua tam egregium factum recolitur, Deum, Virginem Eius Genetricem et reliquos Caelites, Apostolos praesertim, etiam atque etiam adprecari, ut populi universi decus et honorem Ecclesiae instaurantes, ad tantae matris gremium confugiant, errores, quibus inconsulti fidei inimici eius claritati tenebras obducere nituntur, pro viribus depellant, Romanum Pontificem summa observantia colant, in catholica denique religione omnium rerum praesidium et columen fidenti animo intueantur. Tum sperare licebit, homines oculis ad Crucem denuo fixis, in hoc salutari signo et Christiani nominis osores, et effraenatas cordis cupiditates omnino devicturos. Verum quo humiles preces, in catholico orbe hac saeculari solemnitate adhibendae, spirituali fidelium bono satius cumulentur, eas Plenaria Indulgentia in forma Iubilaei locupletandas censuimus, omnes Ecclesiae filios vehementer hortantes, ut Nostris suas quoque supplicationes pietatisque officia coniungant, et hac eis oblata Iubilaei gratia in animorum emolumentum pariter atque in religionis utilitatem quam maxime fruantur. Quare de Omnipotentis Dei misericordia ac Beatorum Apostolorum Petri et Pauli auctoritate confisi, ex illa ligandi solvendique potestate, quae Nobis licet immerentibus divinitus data fuit, atque auditis etiam VV. FF. NN. S R. E. Cardd. Inquisitoribus Generalibus, praesentium tenore omnibus ac singulis utriusque sexus Christifidelibus vel in hac alma Urbe Nostra degentibus, vel advenientibus ad eam, qui hoc vertente anno a Dominica in Albis, ex qua saecularia sollemnia in Ecclesiae pacis memoriam incipient, usque ad festivitatem Deiparae Virginis ab Immaculata Conceptione inclusive, Basilicas S. Ioannis in Laterano, S. Petri Principis Apostolorum ac S. Pauli extra muros bis singulas adeant, et ibi aliquandiu pro Ecclesiae catholicae et huius Apostolicae Sedis prosperitate et

exaltatione, pro haeresum exstirpatione, et omnium errantium conver-
sione, pro Christianorum Principum concordia et totius fidelium populi
pace et unitate secundum mentem Nostram preces ad Deum effundant,
ac semel intra huiusmodi temporis spatium, admissis rite expiatis, cae-
lesti convivio se reficiant, atque insuper eleemosynam pro sua quisque
facultate vel in egenos, vel, si malint, ad pias caussas erogent, plenissi-
mam omnium peccatorum Indulgentiam ad instar Iubilaei generalis concedimus et impertimus. Iis vero, qui ad Urbem convenire nequeant,
Plenariam eandem largimur Indulgentiam, dummodo sui loci templum
vel templa, ab Ordinario semel tantum designanda, pari temporis inter-
vallo, omnino sexies visitent, et alia pietatis opera, quae superius dixi-
mus, integre perficiant. Veniam praeterea facimus, ut haec Plenaria
Indulgentia etiam animabus, quae Deo in caritate coniunctae ex hac vita
migraverint, per modum suffragii applicari possit ac valeat. Concedimus
autem, ut navigantes et iter agentes, ubi ad sua domicilia seu alio ad
certam stationem se receperint, operibus suprascriptis peractis, et visi-
tata sexies ecclesia cathedrali vel maiori aut parochiali loci eorum domi-
cilii seu stationis, eandem Indulgentiam consequi licite queant. Regularibus vero personis utriusque sexus, etiam in claustris perpetuo degentibus,
nec non aliis quibuscumque sive laicis, sive ecclesiasticis, saecularibus
vel regularibus, in carcere vel captivitate exsistentibus, vel aliqua cor-
poris infirmitate, seu alio quovis impedimento detentis, qui memorata
opera, vel aliqua ex iis praestare nequeant, ut illa Confessarius in alia
pietatis opera commutare, vel in aliud proximum tempus prorogare possit, eaque iniungere, quae ipsi poenitentes efficere poterunt, cum facultate etiam dispensandi super Communione cum pueris, qui ad eam non-
dum admissi fuerint, concedimus item atque indulgemus. Insuper
omnibus et singulis Christifidelibus tum laicis, tum ecclesiasticis saecularibus vel regularibus, cuiusvis Ordinis et Instituti, etiam specialiter
nominandi, facultatem facimus, ut sibi ad hunc effectum eligere possint
quemlibet presbyterum Confessarium saecularem seu regularem ex actu
approbatis, et hac facultate fas sit uti etiam monialibus, novitiis, aliisque
mulieribus intra claustra degentibus, dummodo Confessarius approbatus
sit pro monialibus. Talis Confessarius eosdem vel easdem intra dictum
temporis spatium ad confessionem apud ipsum peragendam accedentes
animo praesens Iubilaeum consequendi, et reliqua opera ad illud lucran-
dum necessaria adimplendi, hac vice et in foro conscientiae dumtaxat ab

excommunicationis, suspensionis, et aliis ecclesiasticis sententiis et censuris, a iure vel ab homine quavis de causa latis vel inflictis, etiam Ordinariis locorum et Nobis, seu Sedi Apostolicae etiam in casibus cuicumque ac Summo Pontifici et Sedi Apostolicae *speciali licet modo* reservatis, et qui alias in concessione quantumvis ampla non intelligerentur concessi, nec non ab omnibus peccatis et excessibus, quantumcumque gravibus et enormibus, etiam iisdem Ordinariis et Sedi .Apostolicae, ut praefertur, reservatis, iniuncta ipsis poenitentia salutari, aliisque de iure iniungendis, et si de haeresi agatur, abiuratis prius et retractatis erroribus, prout de iure, absolvere ; nec non vota quaecumque etiam iurata ac Sedi Apostolicae reservata (exceptis semper castitatis, religionis et obligationis, quae a tertio acceptata fuerint, seu in quibus agatur de praeiudicio tertii, nec non poenalibus, quae praeservativa a peccato nuncupantur, nisi commutatio futura indicetur eiusmodi, ut non minus a peccato committendo refrenet, quam prior voti materia) in alia pia et salutaria opera commutare, et cum poenitentibus huiusmodi in sacris Ordinibus constitutis, etiam regularibus, super occulta irregularitate ad exercitium eorumdem Ordinum, et ad superiorum assecutionem dumtaxat contracta, dispensare possit ac valeat. Non intendimus autem per praesentes super alia quavis irregularitate, sive ex delicto sive ex defectu, vel publica vel occulta aut nota, aliave incapacitate, aut inhabilitate quoquo modo contracta dispensare, vel aliquam facultatem tribuere super praemissis dispensandi, seu habilitandi et in pristinum statum restituendi etiam in foro conscientiae; neque etiam derogare Constitutioni cum appositis declarationibus editae a fel. rec. Benedicto XIV decessore Nostro, quae incipit « Sacramentum Poenitentiae » neque demum easdem praesentes iis, qui a Nobis et Apostolica Sede vel aliquo Praelato seu Iudice ecclesiastico nominatim excommunicati, suspensi, interdicti, seu alias in sententias et censuras incidisse declarati, vel publice denunciati fuerint, nisi intra praedictum tempus satisfecerint, et cum partibus, ubi opus fuerit, concordaverint, ullo modo suffragari posse aut debere. Quod si intra praefinitum terminum, iudicio Confessarii, satisfacere non potuerint, absolvi posse concedemus in foro conscientiae ad effectum dumtaxat assequendi Indulgentias Iubilaei, iniuncta obligatione satisfaciendi statim ac poterunt. — Quapropter in virtute sanctae obedientiae praesentium tenore districte praecipimus, atque mandamus omnibus Ordinariis locorum ubicumque existentibus, eorumque Vicariis et Officialibus, vel, ipsis deficientibus, illis, qui curam animarum exercent, ut quum praesentium Litterarum transumptá aut exempla etiam impressa acceperint, illa per suas ecclesias ac dioceses, provincias, civitates, oppida, terras et loca publicent, vel publicanda curent, populisque etiam verbi Dei praedicatione, quoad fieri possit, rite praeparatis, ecclesiam seu ecclesias visitandás, ut suprá, designent. — Non obstantibus Constitutionibus et Ordinationibus Apostolicis, praesertim quibus facultas absolvendi in certis tunc expressis casibus ita Romano Pontifici pro tempore existenti reservatur, ut nec etiam similes vel dissimiles indulgentiarum et facultatum huiusmodi concessiones, nisi de illis expressa mentio vel specialis derogatio fiat, cuiquam suffragari possint ; nec non regula de non concedentis indulgentiis ad instar, ac quorumcumque Ordinum, et Congregationum sive Institutorum etiam iuramento, confirmatione Apostolica, vel quavis firmitate alia roboratis statutis, et consuetudinibus, privilegiis quoque indultis, et Litteris Apostolicis eisdem Ordinibus, Congregationibus et Institutis, illorumque personis quomodolibet concessis, approbatis et innovatis ; quibus omnibus et singulis etiamsi de illis eorumque totis tenoribus specialis, specifica, expressa et individua, non autem per clausulas generales idem importantes, mentio seu alia quaevis expressio habenda, aut alia aliquá exquisita forma ad hoc servanda foret, illorum tenores praesentibus pro sufficienter expressos, ac formam in iis traditam pro servata habentes, hac vice specialiter nominatim et expresse ad effectum praemissorum derogamus, ceterisque contrariis quibuscumque. Ut denique praesentes Nostrae, quae ad singula loca deferri non possunt, ad omnium notitiam facilius deveniant, volumus, ut praesentium transumptis, vel exemplis etiam impressis, manu alicuius Notarii publici subscriptis, et sigillo personae in dignitate ecclesiastica constitutae munitis, ubicumque locorum et gentium eadem prorsus fides habeatur, quae haberetur ipsis praesentibus, si forent exhibitae vel ostensae.

Datum Romae apud S. Petrum, sub anulo Piscatoris, die VIII martii MCMXIII, Pontificatus Nostri anno X.

De speciali mandato Ssmi

R. CARD. MERRY DEL VAL,
a Secretis Status.

L. ✠ S.

LETTRES APOSTOLIQUES [1]

de Notre Saint-Père le Pape Pie X

PAR LESQUELLES IL ÉDICTE UN JUBILÉ UNIVERSEL EN COMMÉMORATION
DE LA PAIX ACCORDÉE PAR L'EMPEREUR CONSTANTIN LE GRAND
A L'ÉGLISE.

PIE X, PAPE,

A tous les fidèles du Christ, qui auront connaissance de Nos Lettres, Salut et Bénédiction Apostolique.

La commémoration du grand et heureux événement par lequel fut enfin accordée, il y a seize siècles, la paix à l'Église, en même temps qu'elle remplit d'une grande joie toutes les nations catholiques et leur suggère de faire à cette occasion des œuvres de piété, Nous engage surtout à ouvrir les trésors des grâces célestes, afin qu'on retire de cette solennité des fruits choisis et abondants dans le Seigneur. Il convient, en effet, et il est très opportun de célébrer l'Édit promulgué à Milan par le grand empereur Constantin, à la suite de la victoire remportée par le glorieux étendard de la Croix contre Maxence, et qui, en mettant fin aux cruelles persécutions infligées aux Chrétiens, leur procura la liberté, dont le sang du divin Rédempteur et des martyrs fut le prix. Alors, enfin, l'Église militante obtint le premier de ces triomphes qui suivent, à toute époque, les persécutions de tout genre, et de ce jour elle répandit de plus en plus ses bienfaits dans l'humanité. Car les hommes, abandonnant peu à peu le culte superstitieux des idoles, adoptèrent chaque jour davantage dans leurs lois, dans leurs mœurs et leurs institutions le régime chrétien de vie ; et il en résulta que la justice et la charité fleurirent ensemble plus encore sur la terre. Il Nous a donc paru conve-

---

(1) Nous reproduisons l'excellente traduction parue dans l'*Univers* du 21 mars, y faisant seulement çà et là quelques très légères modifications pour plus d'exactitude.

nable, en cette heureuse circonstance qui nous rappelle un si grand fait, d'invoquer ardemment Dieu, la Vierge sa Mère, et les autres Bienheureux, les Apôtres surtout, afin que tous les peuples rendant gloire et honneur à l'Église rentrent dans le giron de cette mère des âmes, qu'ils repoussent, selon leurs moyens, les erreurs par lesquelles les ennemis inconsidérés de la foi cherchent à en obscurcir la clarté par leurs ténèbres, qu'ils s'attachent au Pontife romain avec la plus grande soumission et, enfin, qu'ils voient avec confiance dans la religion catholique la sauvegarde et l'appui de toutes choses. Alors il sera permis d'espérer que, fixant de nouveau les yeux sur la Croix, les hommes, par ce signe salutaire, remporteront une pleine victoire sur les ennemis du nom chrétien, et sur les passions effrénées du cœur. Et pour que les humbles prières, qui seront répandues dans le monde catholique en cette solennité séculaire, donnent, au profit des fidèles, une plus abondante moisson de biens spirituels, Nous avons résolu de les enrichir d'une Indulgence Plénière, en forme de Jubilé, en exhortant vivement tous les fils de l'Église à unir leurs supplications et leurs exercices de piété aux Nôtres et à profiter largement de la grâce qui leur est offerte par ce Jubilé, pour l'avantage de leurs âmes et l'utilité de la religion.

C'est pourquoi, Nous prévalant de la miséricorde du Dieu Tout-Puissant et de l'autorité des Bienheureux Apôtres Pierre et Paul, et en vertu de ce pouvoir des clefs de fermer et d'ouvrir, qui Nous a été divinement conféré, malgré Notre indignité, après en avoir conféré avec nos Vénérables Frères les Cardinaux de la Sainte Église romaine, Inquisiteurs généraux, Nous octroyons et accordons une Indulgence Plénière de tous leurs péchés, en forme de Jubilé, à tous et à chacun des fidèles de l'un et l'autre sexe, résidant dans Notre auguste Ville ou qui y viendront, à partir du dimanche *in albis* de la présente année, où commenceront les solennités séculaires commémoratives de la paix de l'Église, jusqu'à la fête de l'Immaculée Conception de la Vierge, mère de Dieu, inclusivement, à condition qu'ils visitent deux fois les Basiliques de Saint-Jean de Latran, de Saint-Pierre prince des Apôtres et de Saint-Paul hors les Murs, et y prient Dieu, quelque temps, selon Nos intentions, pour la prospérité et l'exaltation de l'Église Catholique et de ce Saint-Siège Apostolique, pour l'extirpation des hérésies et la conversion de tous ceux qui sont dans l'erreur, pour la concorde des princes chrétiens, la paix et l'union de tout le peuple fidèle, et que, dans cet espace de temps, après s'être purifiés sacramentellement, ils retrempent leurs forces au banquet céleste par une communion, et que, en outre, ils fassent quelque aumône, selon leurs facultés, soit aux pauvres, soit, s'ils le préfèrent, en faveur d'œuvres pies. Pour ceux qui ne pourraient se rendre à Rome, Nous accordons la même Indulgence Plénière, pourvu que, dans le même laps de temps, ils visitent six fois l'église ou les églises de leur localité, qui auront été une fois pour toutes désignées par l'Ordinaire, et y accomplissent les autres œuvres de piété que Nous avons indiquées plus haut.

Nous accordons en outre la faculté d'appliquer, par mode de suffrage, cette même Indulgence Plénière aux âmes unies à Dieu par la charité qui ont quitté cette vie.

Nous accordons que les navigateurs et les voyageurs, dès qu'ils auront regagné leur domicile, où qu'ils seront arrivés à un point déterminé de leur voyage, puissent gagner la même Indulgence, en accomplissant les œuvres ci-dessus indiquées et en visitant six fois l'église cathédrale ou principale ou paroissiale du lieu où ils se trouveront.

Les Réguliers de l'un et l'autre sexe, même soumis à la clôture, et toutes les personnes laïques ou ecclésiastiques, du clergé séculier ou régulier, retenues en captivité, incarcérées, empêchées par la maladie ou par tout autre motif, qui ne pourraient pas accomplir les œuvres ci-dessus énumérées, s'adresseront à leur confesseur, afin que celui-ci les commue en d'autres œuvres ou les proroge à un autre temps peu éloigné et prescrive des actes de piété possibles pour ses pénitents.

Nous accordons également que le confesseur puisse dispenser de la réception de la Sainte Eucharistie les enfants qui n'ont pas encore fait leur première communion.

Nous accordons à tous et chacun des fidèles, soit laïques, soit ecclésiastiques, du clergé séculier et régulier, de n'importe quel Ordre ou Institut, ayant même le privilège de la mention spéciale, de pouvoir choisir un confesseur séculier ou régulier parmi ceux approuvés, en vue du gain de l'Indulgence du Jubilé. Pourront également se servir d'un confesseur à leur choix les moniales, religieuses, novices et autres pieuses femmes vivant en communauté, pourvu que ce confesseur soit de ceux approuvés pour les religieuses.

Le confesseur, ainsi choisi, recevant pendant tout le temps du Jubilé ces pénitents ou pénitentes venus pour se confesser à lui, obtenir la grâce du présent Jubilé et accomplir les autres œuvres nécessaires à cet effet, pourra absoudre pénitents ou pénitentes, pour cette fois seulement et dans le for de la conscience de toute excommunication, suspense, autres sentences ecclésiastiques et censures portées par le Droit, ou par le prélat, et pour quelque motif que ce soit, réservée ou aux Ordinaires des lieux, ou à Nous, ou au Saint-Siège et même *speciali modo*, et dont l'absolution d'ordinaire n'est pas comprise même dans les plus larges concessions. Il pourra également absoudre de tout péché si grave et énorme soit-il, même réservé aux Ordinaires, à Nous et au Siège Apostolique, après avoir prescrit une pénitence salutaire et autres moyens d'expier selon le Droit.

S'il s'agit de ceux qui quittent l'hérésie, après avoir abjuré leurs erreurs, comme il est prescrit par le Droit. ils pourront être absous.

Le confesseur pourra encore commuer les vœux et serments, même réservés au Souverain Pontife, en d'autres œuvres pies et utiles au salut, excepté cependant les vœux de chasteté, de religion et ceux qui impliquent une obligation envers autrui, qui ont été acceptés par un tiers ou qui intéressent les droits d'un tiers, et les vœux pénitentiels préservatifs du péché, à moins cependant que la commutation par le confesseur ne soit également préservative du péché.

Le confesseur pourra encore dispenser ses pénitents promus aux Ordres Sacrés, même s'ils ne sont pas du clergé séculier, de toute irrégularité occulte pouvant empêcher l'exercice de ces Ordres, ou la réception des Ordres supérieurs.

Nous n'entendons pas par les présentes donner le pouvoir de dispenser des autres irrégularités provenant d'un délit ou d'un défaut, ou occulte. ou connu, et des incapacités ou inhabiletés consécutives de quelque façon qu'elles aient été contractées, et de réhabiliter dans ce cas à l'exercice des Ordres ou à la promotion aux Ordres supérieurs. même au for de la conscience.

Nous n'entendons pas non plus déroger à la Constitution de Notre prédécesseur Benoît XIV *Sacramentum Poenitentiae* et aux Déclarations du Saint-Siège, explicatives de ladite Constitution.

Nous n'entendons pas non plus déroger par les présentes à la situation canonique de ceux qui par Nous, ou par le Saint-Siège ou par quelque prélat et juge ecclésiastique, se trouvent nommément excommuniés. suspens, interdits, ou qui se trouvent déclarés juridiquement tombés dans lesdites censures, à moins que pendant le temps du Jubilé ils n'aient satisfait et ne soient réconciliés par qui de droit. Que si, pendant le temps du Jubilé, ils n'ont pu, au jugement de leur confesseur, donner satisfaction, Nous accordons qu'ils puissent être absous au for de la conscience, en vue seulement du gain des Indulgences du Jubilé, avec l'obligation de satisfaire dès que faire se pourra.

C'est pourquoi, en vertu de la sainte obéissance, et par la teneur des présentes, Nous ordonnons et commandons à tous les Ordinaires des lieux, à leurs vicaires et officiaux, et, à leur défaut, à tous ceux qui ont charge d'âmes, dès qu'ils auront reçu des exemplaires manuscrits ou imprimés des présentes Lettres, de les publier et de les faire publier dans leurs églises, diocèses, provinces, villes, cités, bourgs et autres lieux, de désigner au peuple de Dieu les églises qu'ils devront visiter, et de le préparer par la prédication de la divine parole au gain du Jubilé.

Nonobstant toutes les Constitutions et Ordonnances Apostoliques, particulièrement celles par lesquelles le pouvoir d'absoudre est réservé pour certains cas au Pontife romain alors existant, au point que même des concessions semblables ou différentes d'Indulgences et de facultés ne puissent être accordées à personne, à moins qu'il n'en soit fait mention expresse ou qu'une dérogation spéciale n'y soit apportée ; nonobstant de même la règle prohibitive d'Indulgences à accorder *ad instar,* et tous statuts, de quelques Ordres que ce soient, Congrégations et Instituts, même corroborés par serment, confirmation Apostolique ou tout autre mode de consécration, et aussi toutes coutumes, privilèges, indults, Lettres Apostoliques, concédés, approuvés, renouvelés de quelque manière que ce soit, à ces Ordres, Congrégations et Instituts et à leurs membres ; toutes choses, auxquelles et à chacune d'entre elles, même à celles dont il devrait être fait, pour leur teneur entière, mention spéciale, spécifique, expresse et individuelle et non pas seulement par formules générales équivalentes, ou au sujet desquelles quelque autre forme réservée devrait être employée, Nous, ayant leur teneur pour suffisamment exprimée par ces présentes et la forme traditionnelle à y employer pour observée, Nous y dérogeons nommément et expressément pour cette fois, pour l'effet que Nous avons en vue, ainsi qu'à toutes autres choses contraires. Enfin, pour que Nos présentes Lettres qui ne peuvent parvenir dans tous les lieux arrivent plus facilement à la connaissance de tous, Nous voulons qu'en tous lieux et chez tous les peuples, la même foi soit due aux copies ou exemplaires imprimés de ces Lettres souscrites de la main d'un notaire public et munis du sceau d'une personne constituée en dignité ecclésiastique, qu'obtiendraient les présentes si elles étaient exhibées ou montrées.

Donné à Rome, près Saint-Pierre, sous l'anneau du Pêcheur, le 8 mars 1913, l'an X de Notre Pontificat.

Par mandement spécial de Sa Sainteté.

(place du sceau)

✠

R. cardinal MERRY DEL VAL,
Secrétaire d'État.

LAVAL. — IMPRIMERIE-LIBRAIRIE DE L'ÉVÊCHÉ, Ve A. GOUPIL.

9 782013 046862